AF232317

DES

MISSIONS EN FRANCE

DE LA

SOCIÉTÉ ABOLITIONISTE ANGLAISE ET ÉTRANGÈRE,

PAR M. JOLLIVET,

DÉPUTÉ D'ILLE-ET-VILAINE, DÉLÉGUÉ DE LA MARTINIQUE.

JUIN.—1841.

———

PARIS,

IMPRIMERIE D'AD. BLONDEAU, RUE RAMEAU, 7,

PLACE RICHELIEU.

—

DES

MISSIONS EN FRANCE

DE LA

SOCIÉTÉ ABOLITIONISTE ANGLAISE ET ÉTRANGÈRE,

PAR M. JOLLIVET,

DÉPUTÉ D'ILLE-ET-VILAINE, DÉLÉGUÉ DE LA MARTINIQUE.

MM. Gurney et Josiah Forster, se disant envoyés par la Société abolitioniste anglaise, étaient à Paris il y a quelques jours.

Ils ont eu l'honneur, s'il faut en croire une réclame insérée dans plusieurs journaux, d'être reçus par le roi et par ses ministres.

Leur mission avait pour objet d'apporter une adresse votée dans la réunion annuelle du 14 mai, à *Exeter-Hall*, sur la proposition d'O'-Connell, et dont voici le texte :

« L'assemblée suit avec le plus vif intérêt les procédés du gouververnement et du peuple de France relativement à l'abolition de l'esclavage dans ses différentes colonies ; elle nourrit l'espoir qu'aucune mesure ne sera prise à ce sujet autrement que sur le principe d'une émancipation *complète* et *sans condition*, et que l'adoption prompte et juste de ce système si désirable accroîtra l'honneur de cette grande nation et servira d'exemple aux autres peuples, qui devront l'imiter. »

Les mêmes journaux ajoutent que :

« MM. Gurney et Josiah Forster ont réuni à Paris une société choisie, composée de pairs, de députés et de citoyens distingués de toutes les classes, qu'ils lui ont adressé une religieuse allocution, et qu'ils ont ensuite établi, par des preuves nombreuses et irrécusables :

1841

« Que les iles anglaises où l'émancipation a été accomplie sont en grande voie de prospérité ;

« Qu'il y a partout certitude d'un travail continu ;

« Que le prix du travail est d'un tiers meilleur marché que durant l'esclavage ;

« Que les produits augmentent ;

« Que, même à la Jamaïque, l'année 1842 se présente avec l'espoir d'une augmentation d'un cinquième dans les produits. »

La conclusion de MM. Gurney et Josiah Forster est qu'il faut que la France se hâte de décréter une *émancipation complète et sans condition*, une émancipation *immédiate*, convaincus qu'ils sont qu'il n'y a point d'intermédiaire possible entre l'esclavage et la liberté.

Il paraîtrait que la foi de l'auditoire aurait été, malgré l'allocution religieuse, moins robuste que celle de MM. Forster et Gurney;

Qu'on aurait conservé quelques doutes sur la possibilité du travail libre, sur ses heureux résultats dans les colonies anglaises;

Qu'on n'aurait pas été aussi avide d'une émancipation *immédiate* et sans *condition*.

Car je lis dans le compte-rendu des journaux que le président de la réunion s'est borné à exprimer le désir qu'une loi SAGE et PRUDENTE *vînt résoudre cette importante question de liberté et de civilisation.*

J'admire la hardiesse des assertions de MM. Gurney et Josiah Forster, en présence des débats récens du parlement d'Angleterre !

M. Baring, chancelier de l'échiquier, a déclaré dans la chambre des communes, le 30 avril dernier :

« Que la production des sucres des colonies anglaises avait encore diminué ; que la diminution était arrivée à ce point que les sucres coloniaux ne pouvaient plus suffire à la consommation de l'Angleterre ; et en conséquence, il a demandé qu'on admît les sucres étrangers, en répuisant les droits, qui jusques là avaient été prohibitifs. »

Lord John Russell, ministre des colonies, a reconnu dans la séance du 7 mai :

« Que les rapports des magistrats spéciaux de la *Jamaïque* ne sont pas d'une nature favorable ; que la récolte de 1839 , première année de l'émancipation, a été beaucoup plus faible que la récolte moyenne des quatre années d'apprentissage ;

« Que la récolte moyenne des quatre années d'apprentissage a été de beaucoup inférieure à la récolte moyenne des six années antérieures ;

« Que la récolte de 1840 a diminué, et que, suivant toute apparence, la récolte de 1841 diminuera encore. »

M. *Gladstone*, ancien sous-secrétaire d'état des colonies, M. *Labouchère*, ministre du commerce, sir Robert Peel, tous les membres les plus éminens de la chambre des communes, ministériels ou de l'opposition, reconnaissent que la production coloniale a considérablement diminué, et menace de diminuer encore dans les Indes Occidentales. E MM. Gurney et Josiah Forster viennent dire sérieusement à une réunion de pairs de France et de députés :

« Que les colonies anglaises, où l'émancipation a été accomplie sont en voie de prospérité ;

« Que la production s'y maintient ;

« Qu'elle va même augmenter d'un cinquième à la Jamaïque !... »

Et des journaux français osent imprimer que MM. Gurney et Josiah Forster ont fait passer leur conviction dans l'esprit de tous leurs auditeurs !

Ils ne s'aperçoivent pas qu'ils accusent cette réunion de pairs et de députés d'une crédulité puérile, d'une ignorance injustifiable ;

Qu'ils déversent sur eux le ridicule, en les représentant comme des cathécumènes attentifs aux allocutions religieuses des deux missionnaires ; complètement étrangers aux débats du parlement anglais ; assez simples pour préférer l'autorité de MM. Gurney et Josiah Forster, à l'autorité du chancelier de l'échiquier M. Baring, du ministre du commerce M. Labouchère, du ministre des colonies lord John Russel et de sir Robert Peel !

Les journaux français ont été dupes pour la centième fois des beaux semblans de liberté et d'humanité de nos *magnanimes alliés*; de la mission philantropique de MM. Gurney et Josiah Forster, comme il y a quelques années de la mission commerciale du docteur Bowring.

Le docteur Bowring, on s'en souvient, venait prêcher en France la liberté absolue du commerce et la suppression, dans les tarifs des douanes, des droits protecteurs et prohibitifs, sachant bien que, grace aux droits protecteurs et prohibitifs dont elle a joui pendant des siècles, l'industrie anglaise est parvenue à un degré de prospérité où elle ne craint plus la concurrence étrangère, et que la liberté absolue eût été la ruine de la plupart des industries françaises.

Les journaux français accueillirent le docteur Bowring avec enthousiasme, enregistrèrent ses allocutions comme ils viennent d'enregistrer celle de MM. Forster et Gurney. Notre gouvernement eut le bon sens de ne pas suivre les conseils de l'envoyé commercial de l'Angleterre. Il saura également fermer l'oreille aux allocutions de ses missionnaires abolitionnistes.

Chacun sait aujourd'hui que si les dissidens anglais, méthodistes, anabaptistes, quakers, etc., ont poussé à l'abolition par principe religieux, le gouvernement anglais a été mu par une pensée plus mondaine, par un calcul purement politique;

Que l'Angleterre n'aurait jamais consenti à abolir l'esclavage dans ses colonies de l'Amérique;

Qu'elle ne se serait jamais résignée à compromettre l'avenir de la production à la Jamaïque, à Démérari, etc., sans l'espoir que la Guadeloupe et la Martinique, Cuba et Porto-Rico, le Brésil et les Etats-Unis seraient un jour forcés de suivre son exemple;

Qu'elle verra sans regret la production du sucre cesser dans les Indes Occidentales, où elle rencontre pour rivaux la France, l'Espagne, le Brésil et les Etats-Unis, le jour, et ce jour n'est pas loin, où elle pourra la remplacer par le sucre de l'Inde qu'elle possède sans partage.

Je l'ai déjà dit dans une publication récente; je ne cesserai de le redire à mon pays, jusqu'à ce qu'il l'ait entendu, jusqu'à ce qu'il ait compris que l'Angleterre veut nous entraîner dans une voie fatale, et pour nous sans compensation, puisque nous n'avons pas l'Inde prête à nous consoler de la ruine de nos colonies d'Amérique.

Je trouve de nouvelles preuves à l'appui de mes assertions dans les publications même de la société qui nous a envoyé MM. Gurney et Forster ;

Dans une dépêche officielle du gouvernement anglais ;

Dans la proclamation du gouverneur de Demerari, etc., etc., etc.

Dans la séance annuelle de la société abolitioniste anglaise, séance du 14 mai, où a été adoptée, sur la proposition d'O'Connell, la résolution qui nous a valu la mission de MM. Gurney et Forster ; un membre de la société, le révérend J. Burnet a donné lecture d'un projet de résolution ainsi conçu :

« Nous déplorons l'existence de l'esclavage dans l'Inde anglaise, et nous faisons un appel solennel (*emphatical*) au peuple anglais, au parlement, au gouvernement de S. M., à l'effet d'en obtenir l'abolition entière et immédiate, en sorte qu'il n'existe plus à l'avenir d'esclaves sur aucune partie de l'empire britannique. »

Il a développé les motifs de son projet de résolution dans les termes suivans :

« L'esclavage existe encore dans une des possessions les plus importantes de l'empire britannique : dans l'Inde.

« Qu'on l'appelle si l'on veut servage, comme on appelait aussi servage l'esclavage dans nos Indes Occidentales ; mais ne nous laissons pas tromper par les mots. L'esclavage dans l'Inde est, si l'on veut, un esclavage modifié ; mais c'est l'esclavage, ainsi que cela a été publiquement reconnu dans les deux chambres.

« Les Indiens sont esclaves, car ils sont forcés de travailler pour leurs maîtres ; ils sont esclaves, car ils peuvent être et sont achetés et vendus.

« Mais, disent les amis de leurs maîtres, les Indiens sont attachés au sol, et ils ne peuvent être achetés et vendus qu'avec le sol.

« Et qu'importe qu'en vendant un homme vous vendiez le sol avec lui ! En est-il moins vendu ? En est-il moins la propriété de celui qui le vend, pour devenir la propriété de celui qui l'achète ?

« En 1833, dans le bill pour le renouvellement du privilége de la compagnie des Indes, on avait introduit une clause qui déclarait qu'ils deviendraient libres dans un temps fixé ; mais cette clause fut rejetée par la chambre des communes et remplacée par une autre clause portant qu'une commission serait chargée d'examiner la question et de faire un rapport.

« C'est en 1833 que la commission a été nommée; huit années se sont écoulées, et nous n'avons plus entendu parler de la commission. Nous sommes précisément aussi avancés que nous l'étions en 1833. Il faut que nous nous adressions à la chambre des communes, et que nous lui demandions si la question n'est pas aujourd'hui suffisamment examinée; si un examen de huit ans ne lui a pas suffi !

« Rappelons-nous que *nous avons sept fois plus d'esclaves dans l'Inde que nous n'en avions dans nos Indes Occidentales.* Disons-le et redisons-le sans cesse. Et si quelqu'un venait nous objecter que nous allons ruiner nos possessions dans l'Inde, répondons-lui que nous devons, comme *le juste,* ne nous préoccuper en rien des conséquences d'un acte que la justice et l'humanité commandent. *Si fractus illabatur orbis, impavidum ferient ruinæ.* Rendons la liberté aux esclaves de l'Inde, et le monde ne s'écroulera pas ! » (Applaudissemens bruyans et prolongés.)

M. E. Buxton se lève pour appuyer la résolution proposée par le révérend J. Burnet :

« C'est une honte, dit-il, qu'après avoir dépensé 500 millions pour abolir l'esclavage dans nos Indes Occidentales pour affranchir quelques milliers d'esclaves, nous laissions dans l'esclavage des MILLIONS D'INDIENS, sujets comme nous de l'empire britannique. »

La résolution de révérend J. Burnet est mise aux voix et adoptée.

Je ne doute pas de la sincérité des orateurs dont je viens de traduire les discours.

Je suis convaincu que le révérend Burnet et M. E. Buxton désirent sincèrement, ardemment l'abolition de l'esclavage dans l'Inde, et qu'ils poursuivront leur but jusqu'à ce qu'ils l'aient atteint.

Je leur conseillerais de se faire assister par MM. Gurney et Forster.

Charité bien ordonnée commence chez soi : *begins at home*, dit le proverbe anglais.

MM. J. Burnet, Buxton, Gurney et Forster devraient s'occuper, premièrement : d'abolir l'esclavage dans toutes les parties de l'empire britannique, l'Inde comprise, avant d'étendre jusqu'à nous leur sollicitude.

Ils auront besoin, pour arriver à l'abolition de l'esclavage dans l'Inde, d'une énergie perseverante.

Voilà huit ans qu'une commission parlementaire promet un rapport sur cette importante question.

Ils devraient demander la publication de ce rapport.

Le révérend J. Burnet annonce que la société va adresser une pétition à la chambre des communes. Je lui souhaite un accueil favorable : mais, en vérité, je ne puis l'espérer, la chambre des communes, qui n'a pas craint de lasser la patience du révérend J. Burnet et des autres révérends de la société, méthodistes, anabaptistes, etc., en les faisant attendre pendant sept années, pourrait bien les faire attendre pendant sept autres années, et plus encore.

Je leur prédis qu'ils ne trouveront pas le parlement anglais aussi facile pour l'abolition de l'esclavage dans l'Inde qu'il l'a été pour les colonies d'Amérique.

On sait qu'il a eu la prévoyance d'écrire dans l'acte d'abolition de 1833 une clause (la 64e) portant «qu'aucune des dispositions du présent acte « n'est applicable aux territoires appartenant à la compagnie des In- « des Orientales. »

La prédilection des hommes d'état d'Angleterre pour l'Inde, prédilection hautement avouée, dans la dernière discussion sur les sucres par l'ancien ministre et le ministre actuel des colonies, lord Stanley et lord John Russel, ne me permet pas de croire qu'ils soient disposés à rapporter cette clause.

Ils ne se placeront point à l'élévation religieuse du révérend J. Burnet, de MM. Gurney et Forster ; ils calculeront froidement les conséquences politiques et commerciales de l'abolition de l'esclavage ou servage dans l'Inde, et vous ne leur entendrez jamais dire avec nos abolitionnistes anciens et modernes : « *Périssent les colonies plutôt qu'un principe !* » ou avec le révérend J. Burnet : « Abolissons l'esclavage, dût le monde indien s'écrouler ! »

Je rentre à *Exeter-Hall*, et dans la même séance du 14 mai j'entends Williams Evans, membre de la chambre des communes, lire à la société la proposition suivante :

« Nous apprenons avec un regret inexprimable le fait aujourd'hui notoire que des compagnies anglaises exploitent des mines dans l'île de Cuba et au Brésil, au moyen de plus de 4,000 esclaves qu'ils ont achetés et qu'ils emploient au mépris de la loi anglaise, et de tout principe de justice et d'humanité. »

G. W. Alexander appuie la résolution proposée :

« Il vient d'apprendre que quelques actionnaires de la compagnie des mines du Brésil ont demandé que ces 4,000 esclaves fussent émancipés, et qu'on les employât comme ouvriers libres et moyennant salaire. »

Un meeting a eu lieu, et sur 200 actionnaires présens, 7 seulement ont voté pour l'émancipation. (Honte ! honte !) Je ne sais de quels termes flétrir une pareille conduite. Je ne pourrais pas donner une poignée de main à un homme coupable d'un pareil crime. (Bravo !) J'ai la confiance que l'opinion publique d'Angleterre ne tolérera pas un fait qui peut avoir autant d'influence sur la continuation de l'esclavage dans les autres pays.

La motion est mise aux voix et adoptée.

Dans le meeting de la société des mines, auquel il est fait allusion, un rapport avait été lu ; les directeurs y exprimaient l'opinion unanime que l'émancipation des esclaves, employés aux travaux des mines, était impossible ; qu'on ne pourrait obtenir de travail après les avoir émancipés; et qu'il serait trop dispendieux de faire venir des ouvriers d'Angleterre; que l'abandon du travail forcé entraînerait l'abandon des mines.

M. George Thomas, quaker, déclare qu'il ignorait que les mines fussent exploitées par le travail des esclaves, quand il est devenu actionnaire de la compagnie, il demande que les esclaves soient émancipés.

M. R. Fry (de Bristol) déclare qu'il n'a pas besoin de s'excuser s'il prend la parole; qu'il est venu remplir un devoir consciencieux en s'opposant à la continuation de l'exploitation des mines par le travail des esclaves.

Un des actionnaires : Pourquoi gardez-vous vos actions ? vendez-les.

M. R. Fry.—Je ne les vendrai pas ; je les garderai pour tâcher d'arriver à mon but.

C'est à la suite de cette discussion que la proposition de M. George Thomas est écartée à l'unanimité, moins sept voix. Ce vote excite l'indignation du journal abolitioniste le *Rapporteur*.

« Ainsi, dit-il, dans une réunion de gentlemen anglais, appartenant à tous les rangs de la société, sept seulement ont voté pour l'émancipation des esclaves ! Ecoutez, Grande-Bretagne, écoutez, peuples de tous les pays !

« Versons des pleurs, des pleurs amères sur un acte qui accuse la philantropie et la justice de l'Angleterre, qui signale publiquement son déshonneur ! »

Dans une lettre écrite à lord Palmerston, *M. George Bennel*, président du comité de la société abolitioniste, demande que :

« Le gouvernement défende aux officiers appartenant à l'armée ou à la marine anglaise d'accepter et d'exercer aucune fonction dépendante de la compagnie des mines du Brésil, compagnie qui achète des esclaves de traite pour remplacer ceux qu'elle perd durant les travaux d'exploitation.

« Le comité se permettra de vous faire remarquer, ajoute la lettre, combien il est inconvenant que de pareilles fonctions soient exercées par des officiers de sa majesté.

« Il en résulte que les Brésiliens croient que le gouvernement et le peuple anglais ne sont pas sincères dans leurs efforts philantropiques pour abolir la traite ; mais agissent par des motifs intéressés, à savoir pour détruire la propriété et nuire au commerce du Brésil. »

MM. Forster et Gurney sont membres de la société abolitioniste, et probablement du comité qui a écrit la lettre à lord Palmerston.

Au lieu de revenir en France, ils feraient bien de donner suite à leur correspondance avec le noble lord, grand philantrope, comme chacun sait, et, comme nous le savons, grand ami de la France.

Des officiers de S. M. ont violé la loi en encourageant la traite des noirs ; pourquoi MM. Forster et Gurney ne demanderaient-ils pas qu'ils fussent punis ?

En France, nous les punirions, et si nous ne les punissions pas, l'Angleterre ne nous épargnerait pas ses remontrances.

Une compagnie anglaise autorisée par un acte du parlement (*imperial society*) possède des esclaves, s'enrichit de leur travail ; pourquoi MM. Forster et Gurney ne demanderaient-ils pas au parlement de révoquer l'acte qui l'autorise ?

Si les officiers ne sont pas punis, si l'acte du parlement n'est pas révoqué, si on craint de ruiner une compagnie anglaise en la forçant d'abandonner les mines du Brésil, exploitées par le travail de 4,000 esclaves ; en un mot si le principe fléchit devant l'intérêt, et je suis tenté de croire que cela arrivera, il me sera permis de dire, avec la société abolitioniste anglaise :

« Le gouvernement et le parlement anglais ne sont pas sincères dans leurs efforts philantropiques... Ils abolissent la traite et l'esclavage partout où ils ont intérêt à l'abolir ;

« Mais ils les maintiennent toutes les fois qu'un intérêt anglais les engage à les maintenir. »

En faudrait-il une autre preuve ? la voici :

On n'a pas oublié qu'il y a peu de temps encore un navire français, la *Sénégambie*, avait été expédié, pour le Sénégal, pour y engager des noirs qui devaient servir comme soldats dans une compagnie militaire de pionniers, dans la Guyane française.

Ce navire a été capturé par un croiseur anglais, quoi qu'il fût porteur d'une autorisation du gouverneur du Sénégal.

J'ignore si notre gouvernement a obtenu à ce sujet la réparation qui lui était due.

Mais ce que je sais, c'est qu'à la même époque, le gouvernement anglais autorisait, encourageait ses colonies d'Amérique, et notamment la Guyane anglaise (Démérary), à aller chercher des noirs sur la côte d'Afrique, à Siera-Leone, et que la société abolitioniste a vu là une traite déguisée, qu'elle l'a dénoncée au gouvernement anglais, et que ce gouvernement, si rigide à l'endroit de la traite, quand il s'agit de nous, n'a pas accueilli les plaintes de la société abolitioniste, et a formellement autorisé le transport des noirs de Siera-Leone dans ses colonies d'Amérique.

Je citerai à l'appui de ce que j'avance :

La *proclamation* du gouverneur de la Guyane anglaise, sir Henri Light, en date du 16 février 1841. On y lit qu'une prime de 30 piastres sera accordée par tête de noir importé de Siera-Leone, et à la condition que le nombre des hommes et des femmes sera toujours proportionné, etc., *proclamation* rendue en exécution d'une dépêche du 30 septembre 1840 du ministre secrétaire d'état des colonies.

Le secrétaire de la société abolitioniste, M. Tredgold, ayant eu connaissance de cette dépêche, a réclamé auprès du ministre des colonies lord John Russel, par lettre du 4 février 1841, écrite au nom du comité; il a motivé sa réclamation :

1. Sur ce que la mesure autorisée par le ministre, établirait un pré-

cédent dont s'autoriseraient les autres nations, qui, sous le prétexte d'un recrutement pour leurs forces militaires dans leurs colonies, retireraient de leurs établissemens d'Afrique des nègres à titre d'émigrans libres, mais qui en réalité seraient vendus comme esclaves;

2. Sur ce que les nègres ainsi transportés seront indubitablement employés à la culture du sucre, la plus pénible et la plus mortelle de toutes, à moins que par des réglemens sages on ne pourvoie à ce qu'ils ne soient pas mis à l'ouvrage avant d'être acclimatés. »

Nous transcrivons littéralement la réponse du ministre des colonies :

Downing-Street, 11 février 1841.

« Monsieur,

« Je suis chargé par lord John Russel de vous accuser réception de la lettre que vous avez adressée à son département, le 4 du courant, par ordre de la société abolitioniste anglaise et étrangère, concernant les immigrations de Siera-Leone aux colonies occidentales.

« Lord John Russel désire que je fasse connaître au comité que c'est avec regret qu'il diffère d'opinion avec lui, et qu'il pense que les émigrans seront beaucoup plus à même de jouir de la liberté dans nos colonies, que partout ailleurs où règne l'esclavage. »

La raison est curieuse ! J'aimerais à savoir si le cabinet anglais l'a donnée à notre cabinet, lorsqu'il a réclamé contre la capture du navire français frêté pour le compte du gouvernement, avec l'autorisation du gouverneur du Sénégal.

Si on lui a dit : Nous pouvons importer des noirs de la côte d'Afrique à la Guïane anglaise et dans nos autres colonies d'Amérique, parce que l'esclavage n'y existe plus.

Mais vous ne pouvez pas en importer à la Guïane française et dans vos autres colonies d'Amérique, parce que l'esclavage y existe (1).

---

(1) Je sais que le délégué de la Guïane française a demandé au ministre de la marine l'autorisation d'importer des travailleurs libres de la côte d'Afrique dans la colonie. M. le ministre de la marine ne peut hésiter à l'accueillir, après la décision de lord John Russell relative à la Siera-Leone.

Si notre gouvernement s'était contenté de cette raison et avait abandonné sa réclamation, j'en ferais certainement l'objet d'une interpellation à la session prochaine ; et je crois qu'elle serait plus nationale, plus utile que les interpellations du 6 mars.

La proclamation du gouverneur de la Guïane anglaise, semblable aux proclamations des gouverneurs des autres colonies, contient le tarif des primes par tête des noirs importés et détermine les pays d'où l'importation pourra se faire. Ces pays, indépendamment de Siera-Leone, sont : les Etats-Unis d'Amérique, le Brésil, Cuba, etc.

On sait que plus de 30,000 Indiens ont été importés à Maurice ;

Que la Guïane anglaise est allée chercher à grands frais des travailleurs jusque dans l'Inde.

En présence de ces faits notoires, surtout en Angleterre, en présence de ces faits qui dénotent l'affaiblissement, la cessation progressive du travail dans les colonies anglaises d'Amérique, les deux missionnaires anglais, MM. Gurney et Josiah Forster ont été eux-mêmes assez crédules ou ont assez présumé de la crédulité de leur auditoire et des journaux français, pour affirmer qu'il y a partout dans les colonies anglaises d'Amérique, *certitude d'un travail continu, et que le prix du travail est d'un tiers meilleur marché que durant l'esclavage.*

Le compte-rendu de la séance dit que MM. Forster et Gurney ont fourni des *preuves nombreuses et irrécusables.* Nous regrettons que ces preuves nombreuses et irrécusables aient été fournies à huis clos, et qu'on ne les ait pas livrées à la publicité.

Nous serions curieux de savoir comment les deux missionnaires expliquent cette excentricité des colons d'Amérique qui, ayant chez eux des travailleurs à bon marché, vont en chercher à grands frais à la côte d'Afrique et jusque dans l'Inde ?

Nous serions curieux de savoir comment les deux missionnaires prouvent que le prix du travail a diminué d'un tiers depuis l'abolition de l'esclavage ?

Comment la diminution dans le prix du travail n'a pas amené une diminution dans le prix des produits ?

Comment le sucre des colonies anglaises est si cher comparativement au sucre des colonies à esclaves , que le parlement, d'accord avec la Société abolitioniste anglaise, s'est vu forcé de maintenir une surtaxe prohibitive de plus de 102 fr. par 100 k. sur les sucres étrangers ?

Comment la diminution dans le prix du travail a amené, au lieu d'une augmentation, une diminution dans la production coloniale, et au lieu d'une augmentation, une diminution de près d'un quart dans la consommation de l'Angleterre, suivant le témoignage du ministre du commerce, dans la séance de la chambre des communes du 10 mai?

Nous avons indiqué à la société abolitioniste anglaise une série de mesures qu'elle aurait à réclamer de son gouvernement et de son parlement ; mesures qu'ils ne peuvent refuser sans encourir le reproche qu'elle leur a justement adressé : *de n'être pas sincères dans leur philanthropie*, sans laisser soupçonner aux autres peuples que la philanthropie britannique n'est pas toujours de bon aloi.

J'indiquerai à la société abolitioniste anglaise une dernière mesure qui mérite toute son attention, qui doit absorber tous ses instans, qui ne lui laissera plus le loisir de songer à nous, qui exigera la présence sous les drapeaux de tous les membres de la société, qui ne lui permettra plus de se priver de deux de ses plus valeureux champions, MM. Gurnley et Josiah Forster, jusqu'à ce que la société l'ait obtenue. Je veux parler de l'abolition de la peine du fouet :

Non pas dans nos colonies françaises, ou elle diminue progressivement et finira par s'éteindre d'elle-même avant peu, ainsi que le constatent les rapports de nos magistrats au ministre de la marine, mais en Angleterre ;

Non pas sur des noirs, mais sur des blancs;

Non pas sur des esclaves, mais sur des citoyens, sur des soldats anglais!

La suppression du fouet dans l'armée anglaise, voilà une tâche digne de la société à laquelle appartiennent MM. Forster et Gurney.

Et cette tâche sera d'autant plus belle qu'elle ne paraît pas être facile, du moins quand on lit la harangue électorale de sir Ch. Napier, qui défendait il y a peu de jours cette peine infamante, cette peine qu'un soldat français ne supporterait pas; qui la glorifiait comme une des causes de la supériorité prétendue des armées anglaises sur les armées françaises; quand on voit que l'éloge du fouet et la rodomontade du commodore anglais ont été accueillis par les bravos des électeurs de Londres !

Nous suivrons en France avec une bienveillante sollicitude la société abolitioniste anglaise dans cette voie nouvelle. Nous lui saurons gré de sortir une fois de sa spécialité et d'étendre jusqu'aux blancs cette sympathie qu'elle a jusqu'ici réservée aux seuls noirs. Nous l'aiderons, dans son nouvel œuvre, de nos conseils, de notre exemple; nous lui ouvrirons les glorieuses annales de l'armée française ; nous lui ferons remarquer avec orgueil qu'à Fleurus et à Valmy, à Marengo, Austerlitz, Iéna, Wagram, Toulouse, l'honneur et le patriotisme (non le fouet), ont été les mobiles puissans de nos soldats vainqueurs; que l'honneur et le patriotisme soutiennent nos jeunes soldats, dans ces combats difficiles et périlleux qu'ils livrent chaque jour dans cette Algérie que le courage de notre armée a su conquérir et qu'il saura nous conserver en dépit de l'Angleterre.

Jusqu'à ce que la société abolitioniste anglaise ait accompli la tâche que nous lui indiquons ; jusqu'à ce qu'elle ait obtenu l'abolition de la peine du fouet dans l'armée anglaise. Qu'on ne nous parle plus de la philantropie de l'Angleterre; qu'on ne nous la propose plus pour modèle ; accueillons avec méfiance, comme dangereux et intéressés, ses exemples et ses conseils. Nous avons été trop longtemps abusés par elle; ne le soyons plus à l'avenir. Souvenons-nous toujours de la facilité avec laquelle l'Angleterre s'est dégagée de notre alliance; n'oublions jamais le traité du 15 juillet !

Imp. D'AD. BLONDEAU, rue Rameau, 7.